Mandy

W0187681

Astrid Frank

Kummer auf vier Pfoten

Astrid Frank

Kummer auf vier Pfoten

Mit Zeichnungen
von Katharina Lausche

Ravensburger Buchverlag

Die Deutsche Bibliothek – CIP-Einheitsaufnahme:

Frank, Astrid:
Kummer auf vier Pfoten / Astrid Frank.
Mit Zeichn. von Katharina Lausche. –
Ravensburg: Ravensburger Buchverl., 1999
ISBN 3-473-34366-8

Die Schreibweise entspricht den Regeln
der neuen Rechtschreibung.

3 2 1   01 00 99

© 1999 Ravensburger Buchverlag Otto Maier GmbH
für Text und Illustrationen
Konzeption: Aktion Subere Sach'!
Umschlagillustration: Katharina Lausche
Redaktion: Carola Henke
Printed in Germany

ISBN 3-473-34366-8

INHALT

An einem warmen Frühlingstag im April

Nathan der Waise wurde an einem warmen Frühlingstag im April geboren. Natürlich hieß er damals noch nicht Nathan der Waise. Er hieß nicht einmal Nathan. Er hatte gar keinen Namen. Er war ein kleines, feuchtes Bündel, das nichts sah und nur an Essen und Schlafen interessiert war. Sonst nichts.

Nathan hatte drei Geschwister, aber jedes sah anders aus. Einer der Welpen war ganz schwarz; einer war schwarz und hatte eine weiße Pfote; einer war schwarz und hatte braune Beine; und einer war hellbraun. Das war Nathan.

Nathan wusste nicht, wie er oder seine Geschwister aussahen. Er konnte ja noch nichts sehen. Aber selbst wenn er es gewusst hätte, wäre es ihm egal gewesen. Es interessierte ihn nicht, ob jemand ein schwarzes oder ein braunes Fell hatte, ein langes oder ein kurzes. Und ob er jemanden hübsch oder hässlich fand, hatte nichts damit zu tun, wie derjenige aussah. Hübsch war jemand, der gut roch, und zwar nicht nach Parfüm – das mochte Nathan gar nicht –, sondern nach Milch oder am besten nach Schafsscheiße. Hübsch war jemand, der warm und weich war, der eine sanfte Stimme hatte, der stark und mutig war. Hässlich dagegen war alles, was kalt und glatt war, was Lärm machte oder was feige war. Denn Feigheit bedeutete Schwäche, und Schwäche fand Nathan ganz hässlich.

Zu diesem Zeitpunkt seines Lebens zählte

für Nathan nur eins: an die Zitzen seiner Mutter zu gelangen. Doch irgendjemand drängelte ihn immer zur Seite und ein anderer biss ihn sogar ins Ohr oder in den Schwanz. Aber sobald alle satt waren, kuschelten sie sich aneinander, damit es schön warm wurde, und schliefen in friedlicher Eintracht.

Nathans Mutter war eine mittelgroße Mischlingshündin mit langem rotem Fell, das in der Sonne seidig glänzte, einer spitzen Schnauze und wachen Augen. Ihr linkes Ohr stand aufrecht, aber ihr rechtes schaffte es nicht ganz, knickte nach der Hälfte wieder ab und hing hinunter. Nur wenn sie ganz aufmerksam war und die Ohren spitzte, um jeden Laut mitzubekommen, dann stand auch das rechte Ohr für eine Weile aufrecht. Viele Menschen blieben auf der Straße stehen, wenn Nathans Mutter mit ihrem Herrchen spazieren ging, und murmelten einander zu: „Was für ein hübscher Hund."

Nathan fand seine Mutter ebenfalls bildhübsch. Aber das hatte nichts mit ihrem seidig glänzenden Fell oder ihren braunen aufmerksamen Augen zu tun. Er mochte den Geruch seiner Mutter: Für ihn roch sie nach Milch, nach Wärme, nach Geborgenheit und Liebe. Für ihn war sie der stärkste und mutigste Hund der Welt: Ein Vorbild – er kannte ja auch keine anderen Hunde.

Etwa zwei Monate vor dem warmen Frühlingstag im April, an dem Nathan geboren wurde, war Nathans Mutter – ihre Menschen nannten sie Lotte, manchmal auch Hexe – einem sehr netten jungen Schäferhundrüden begegnet. Und auf einmal war dieser Schäferhundrüde für Lotte das Wichtigste auf der ganzen Welt. Sie vergaß alles andere, ignorierte die Rufe ihres Menschen und stob mit ihrem neuen Freund davon. Von der aufgeregten Suche der beiden Hundehalter bekam sie nichts mit.

Als sie nach einigen Stunden wieder nach Hause kam, sah man noch nichts. Aber es dauerte nicht lange, dann wurde der Bauch dicker und dicker. Lotte spielte nicht mehr, Lotte tobte nicht mehr. Lotte fraß alles, was sie kriegen konnte. Lotte suchte sich ein ruhiges Plätzchen und hechelte. Und im April war es dann so weit: Sie brachte in ihrem Körbchen vier Welpen zur Welt.

Nathan wuchs und etwa vierzehn Tage später – es war mittlerweile Mai – konnte er bereits ein bisschen sehen. Manchmal tobte und balgte er mit seinen Geschwistern. Aber die meiste Zeit verschlief er immer noch.
Beim Balgen hatte er eine einfache, aber durchaus wirksame Technik entwickelt: Er rannte einfach alles um, was sich ihm in den Weg stellte. Er war der Erstgeborene und etwas kräftiger als seine Geschwister. So hatte er mit seiner Methode großen Erfolg.
In diesen Wochen kamen ab und zu fremde

Menschen zu Besuch, die die Welpen streichelten, mit ihnen spielten und in Entzückensrufe ausbrachen. Das brachte jedes Mal eine Menge Aufregung mit sich und sobald die Menschen wieder gegangen waren, fühlten sich Nathan und seine Geschwister hundemüde und schliefen auf der Stelle ein.

Auch für Lotte waren diese Besuche sehr anstrengend. Es gefiel ihr überhaupt nicht, dass die Fremden ihre Kinder anfassten. Stets war sie in Alarmbereitschaft, beobachtete jede Bewegung und hatte beide Ohren steil aufgestellt, damit sie jedes verdächtige Geräusch, das möglicherweise Gefahr für ihre Kinder bedeutete, auf Anhieb bemerkte und orten konnte. Sobald die Menschen ihre Babys wieder in das Körbchen zurückgelegt hatten, machte sie sich an die Arbeit: Sie leckte die Kleinen gründlich sauber, damit der störende fremde Menschengeruch so schnell wie möglich verschwand.

NATHAN ZIEHT UM

Eines Tages kam ein Paar, eine Frau und ein
Mann, die Nathan streichelten, ihn hochnah-
men, anlächelten und mit ihm spielten.

Nathan freute sich. Er spielte gerne, ja, er
mochte Menschen. Er nuckelte an dem Fin-
ger der Frau und die Frau lachte. Er biss mit
seinen spitzen kleinen Zähnen in die Hand
des Mannes und der Mann lachte.

Die Frau und der Mann kamen noch ein paar
Mal. Und immer kümmerten sie sich nur um
Nathan. Das gefiel Nathan. Er mochte es,
wenn man sich um ihn kümmerte, wenn er

im Mittelpunkt stand und wenn man mit ihm schmuste.

Nach einer Weile erkannte Nathan die beiden schon an ihrem Geruch. Die Frau roch immer nach irgendwelchen Leckereien, die sie in der Tasche für Nathan mitgebracht hatte. Und er begrüßte sie schwanzwedelnd.

Eines Tages brachten die beiden ein Körbchen mit. Sie packten Nathan hinein und stiegen mit ihm in ein Auto.

Nathan war das gar nicht geheuer. Er hatte Angst. Plötzlich war er allein und alles roch fremd. Das Auto roch fremd, die Umgebung roch fremd. Ihm fehlte der vertraute Geruch seiner Mutter und seiner Geschwister. Und von diesem fremden Geruch wurde ihm ganz übel! Außerdem war es laut, sehr laut! Er winselte.

„Du brauchst keine Angst zu haben", sagte die Frau zu ihm. „Wir sind bald da." Sie hatte das Körbchen auf ihren Schoß gestellt und kraulte Nathan.

Nathan verstand nicht, was sie sagte, aber ihre Stimme beruhigte ihn etwas. Sie war ihm vertraut. Ebenso wie der Geruch ihrer Hand, mit der sie ihn streichelte.

Plötzlich war alles vorbei. Der Lärm hörte auf, das Rucken hörte auf und das merkwürdige Gefühl im Magen ließ langsam nach.

Die Frau öffnete die Tür und auch der Geruch, der Nathan diese Übelkeit beschert hatte, wurde schwächer, als die frische Luft in das Auto drang.

Die Frau hob Nathan in seinem Körbchen hoch und trug ihn in ein fremdes Haus.

Nathan versuchte aufrecht zu sitzen, damit er so viel wie möglich von der neuen Umgebung mitbekam. Das war nicht einfach, denn das Körbchen wackelte, während die Frau die Treppe hochstieg.

Schließlich setzte die Frau das Körbchen auf den Boden. „Willkommen zu Hause", sagte sie zu Nathan.

Langsam, ganz vorsichtig kletterte Nathan

über den hohen Rand des Körbchens hinweg
und begann mit der Erforschung seines
neuen Heims.

GESETZE

Die Frau und der Mann waren sehr lieb zu
Nathan und verbrachten viel Zeit mit ihm.
Sie streunten mit ihm durch die Wälder und
Felder, erkundeten neue Wege, zeigten ihm
Flüsse und Seen. Manchmal begegneten sie
bei diesen Ausflügen anderen Hunden. Na-
than fand das jedes Mal sehr aufregend.
Manche Hunde, die auf ihn zukamen – den
Schweif in die Luft gestreckt, mutig und neu-
gierig –, mochte er, andere, die vor ihm da-
vonliefen – die den Schwanz einklemmten
und Angst hatten –, mochte er nicht. Seine

Frau und sein Mann aber blieben stets gelassen und ruhig. Sie hatten die Situation immer unter Kontrolle. Das imponierte Nathan – und je stärker seine Frau und sein Mann waren, desto stärker fühlte sich auch Nathan. Nathan lernte schnell, was er durfte und was nicht. Und er bekam in dieser Zeit seinen Namen: Nathan. Wenn die Frau oder der Mann ihn so riefen, lief er, so schnell er konnte, zu ihnen, denn dann gab es etwas zu essen oder er wurde zumindest gelobt. Beides gefiel ihm. Das Essen noch ein bisschen besser als das Lob. Irgendwann kam er auch ohne Lob oder Belohnung. Er dachte gar nicht mehr darüber nach. Er war felsenfest davon überzeugt, dass seine Frau und sein Mann die stärksten, mutigsten und klügsten Lebewesen waren und er besser dran war, wenn er bei ihnen blieb.

Es dauerte auch nur wenige Wochen, bis Nathan begriffen hatte, dass er seine Geschäfte nicht in der Wohnung erledigen sollte. Etwas länger dauerte es, bis er wusste, dass er nicht auf den Schuhen der Menschen herumkauen durfte.

Einmal – er war allein – machte er sich über den Mülleimer in der Küche her. Er hatte etwas Wasser aus seinem Napf getrunken, der in der Küche stand, und als er an dem Mülleimer vorbeikam, umschwebte eine köstlich duftende Wolke seine Nase. Schnell hatte er die Quelle dieses Duftes ausfindig gemacht. Es roch nach Hähnchen. Er stupste mit der Nase den Deckel vom Mülleimer, stellte sich auf die Hinterbeine und stützte sich mit den Vorderbeinen am Eimer ab. Der ganze Inhalt ergoss sich über den Küchenboden, als der Eimer umfiel.

Das war Nathan nur recht. In aller Seelenruhe durchstöberte er die wohlriechenden Schätze, die er da gefunden hatte.

Als die Frau vom Einkaufen nach Hause kam, schimpfte sie mit Nathan. Sie war sehr laut, sie schrie und zeigte immer wieder auf die Kostbarkeiten, die Nathan in der ganzen Wohnung verteilt hatte.

Nathan verstand nicht, was er falsch gemacht hatte. Aber dass er etwas falsch gemacht hatte, das verstand er. Für ihn war es die natürlichste Sache der Welt, etwas Essbares ausfindig zu machen und zu verschlingen. Aber die Gesetze der Natur und die der Menschen, bei denen er lebte, waren nicht immer gleich. Gelegentlich widersprachen sie sich sogar.

Nathan mochte es nicht, wenn die Frau ihn anschrie. Er mochte es, wenn sie sanft seinen Namen rief und ihn kraulte. Er mochte es, wenn sie lachte und ihr Gesicht in seinem Fell vergrub. Also lernte Nathan das Gesetz vom Mülleimer, der nicht berührt werden durfte.

Ein anderes Mal, als Nathan allein war, legte er sich auf den Schlafplatz der Frau und des Mannes. Er wusste schon, dass er nicht auf das weiche, warme Bett durfte. Das hatte er bereits in den ersten Nächten in seinem neuen Zuhause gelernt – obwohl er auch diese Regel nicht verstand, denn das Rudel hatte doch einen gemeinsamen Schlafplatz! Aber er fügte sich in dieses weitere undurchschaubare menschliche Gesetz. Doch jetzt war ja keiner da, der es ihm verbot, und die Decken und die Kissen rochen so lecker nach seiner Frau und seinem Mann. Hier fühlte sich Nathan nicht so allein.

Als er den Schlüssel im Schloss hörte, sprang er auf und lief der Frau und dem Mann entgegen. Schwanzwedelnd begrüßte er sie.

„Hallo, meine Maus", begrüßte ihn die Frau. Sie sagte öfter Maus zu ihm, und Nathan wusste, dass er damit gemeint war.

Doch als die Frau ins Schlafzimmer ging, veränderte sich ihre Stimme plötzlich: „Was ist das denn!", schrie sie. Nathan klemmte den Schwanz ein. Er wusste, dass die Frau böse auf ihn war, wenn sie so sprach. Und er hatte Angst. „Nathan, komm her!", rief sie.

Mit hängenden Ohren und eingeklemmtem Schwanz ging Nathan zu der Frau.

Nach diesem Tag wusste Nathan, dass die Menschen auch Sachen sehen können, wenn sie nicht da sind. Und er legte sich nie wieder ins Bett.

NATHAN WIRD ERWACHSEN

Nathan wuchs und wurde erwachsen. Inzwischen war er schon ein richtig großer Hund. Und er war sehr hübsch.

Er hatte mittellanges Fell und hohe braune Beine. Sein Bauch, sein Po und sein buschiger Schwanz waren sandfarben. Sein Hals war wieder braun und auch sein Gesicht war braun. Wie bei seiner Mutter stand nur ein Ohr in die Höhe, das andere schaffte es bis zur Hälfte und knickte dann ab. Über den Augen hatte er ein paar feine schwarze Striche, die entweder wie Sorgen- oder wie

Lachfalten aussahen. Diese Striche hatte er von seinem Vater geerbt.

Wo immer Nathan hinkam, wurde er bewundert und gelobt.

„Das ist aber ein hübscher Hund", sagten die Leute.

„Der hört aber gut", sagten andere.

Die Frau und der Mann waren sehr stolz auf ihn.

Die meiste Zeit verbrachte Nathan mit der Frau. Sie ging mit ihm spazieren, sie gab ihm sein Essen und sie spielte mit ihm. Oft saß die Frau am Schreibtisch, und Nathan legte sich zu ihren Füßen und schlief. Doch immer wieder zwischendurch unterbrach die Frau ihre Arbeit, streichelte und liebkoste Nathan, sagte ihm, was für ein toller Hund er sei.

Nathan war gerne ein toller Hund. Und wenn seine Frau oder sein Mann, die beide so stark, so mutig und so klug waren, ihm das sagten, dann fühlte er sich selbst ganz stark, ganz mutig und ganz klug.

Der Mann ging morgens weg und kam abends wieder. Nathan begrüßte ihn dann jedes Mal aufgeregt und sprang an ihm hoch. Denn das Wichtigste für Nathan war, dass das Rudel zusammenblieb. Der Mann lachte, wenn Nathan ihn begrüßte, und kraulte sein Fell.

Am glücklichsten war Nathan, wenn sie alle zusammen sein konnten: die Frau, der Mann und er. Oft stiegen sie dann ins Auto, das Nathan schon lange keine Angst mehr machte, und fuhren irgendwohin, wo es schön war. Nathan durfte dann stundenlang laufen, schnuppern und spielen, bis die Sonne hinter dem Horizont verschwand. Der Mann warf Stöckchen für ihn, die Nathan holen durfte, oder er raufte mit ihm. Das waren die schönsten Stunden in Nathans Leben, in denen er der zufriedenste Hund auf der ganzen Welt war. Er hatte das beste Frauchen und das tollste und stärkste Herrchen von allen. Er reckte den Schwanz in die Höhe, damit jeder sehen konnte, was für ein toller, starker Hund er war. Er lief von der einen Wegesseite zur anderen, jagte einem Kaninchen hinterher, spielte mit Artgenossen, wenn er sie nett fand, oder stritt mit Hunden, die er nicht mochte.

Etwas ganz Besonderes passierte, wenn die Frau und der Mann viele Taschen packten. Das geschah nicht oft, aber sobald die Frau und der Mann die Taschen ins Auto luden, wurde Nathan nervös. Dann ging es auf große Reise. Urlaub. Zuerst musste man ganz lange im Auto sitzen. Nathan fuhr gerne Auto. Er betrachtete die vorüberfliegende Landschaft. Solange man schnell auf der großen grauen Straße unterwegs war, schlief Nathan. Es gab nichts zu sehen, keine Wälder, keine Wiesen, keine Schafe, Kühe oder Hühner. Doch wenn das Auto langsamer wurde, wenn es in eine Kurve fuhr oder wenn der Blinker leise vor sich hin klickte, setzte sich Nathan auf und sah aus dem Fenster.

Nathan wusste genau, wann es Zeit zum Spazierengehen war, wann es zum Tierarzt ging oder wann eine lange Reise bevorstand. Er kannte die Straßen, er erkannte bestimmte Gebäude – er hätte selbst den Wagen lenken können.

Jedenfalls tobte Nathan aufgeregt im Auto hin und her, wenn es zum Spaziergang ging. Er junkerte und jaulte, hechelte und war vor lauter Vorfreude ganz aus dem Häuschen. Wenn es zum Tierarzt ging, was zum Glück nicht so oft vorkam, war Nathan ganz still und tat so, als sei er gar nicht da. Wenn aber die Frau und der Mann Taschen packten und ins Auto trugen, wurde Nathan nervös. Er stand im Weg herum, legte sich vor die Tür und tat alles, was in seiner Macht stand, um nicht vergessen zu werden. Vorm Vergessenwerden hatte Nathan eine ungeheure Angst. Zwar war er noch nie vergessen worden, doch es konnte ja mal passieren …

Sobald er aber mit im Auto war, entspannte

sich Nathan wieder. Die vielen Taschen und Koffer waren ein eindeutiger Hinweis darauf, dass die Fahrt länger dauerte. Also legte sich Nathan hin und schlief.

Urlaub war für Nathan die schönste Zeit im Jahr. Alle waren zusammen, niemand ging weg und ließ ihn allein. Er liebte Schnee und er liebte den Strand. Er liebte das Meer und er liebte es zu schwimmen. Irgendwann war der Urlaub dann zu Ende. Wieder wurden die Taschen gepackt und ins Auto getragen. Und wieder musste Nathan Acht geben, dass er nicht vergessen wurde. Dann fuhren sie zurück nach Hause. Und irgendwie mochte Nathan es auch, wieder zu Hause zu sein, wenn alles in geregelten Bahnen verlief.

Nur ganz selten musste Nathan allein zu Hause bleiben. Nathan war nicht gern allein, aber die Zeit verschlief er einfach. Und es dauerte auch nie lange, bis die Frau wiederkam. Sie stellte schwere, lecker riechende

Tüten auf den Tisch und begrüßte ihn ebenso freudig, wie er sie begrüßte.

Manchmal kam es auch vor, dass die Frau und der Mann zusammen weggingen und Nathan allein ließen. Das geschah meistens abends, wenn es dunkel wurde. Nathan wusste schon vorher, ob er mitdurfte oder nicht. Wenn die Frau Stunden im Badezimmer verbrachte und hinterher schrecklich stank, dann musste er allein bleiben. Dieser Gestank kam aus einem kleinen Fläschchen und war so intensiv, dass er den eigentlichen Geruch der Frau, den Nathan sehr mochte, überdeckte.

Gewissheit hatte er, wenn die Frau oder der Mann sagten: „Nein, Nathan, du musst hier bleiben."

Nathan wusste, was das hieß. Wenn er das hörte, drehte er sich um, ließ Schwanz und Ohren hängen und legte sich auf seine Decke oder unter den Tisch, wo ihm der Himmel nicht auf den Kopf fallen konnte.

NATHAN BLEIBT ALLEIN

Nathan wusste nicht, wann es anders geworden war. Aber irgendwann war alles anders.
Auf einmal ging morgens nicht nur der Mann
weg, sondern auch die Frau. Nathan blieb allein.

Abends kamen die Frau und der Mann wieder. Nathan war glücklich. Er begrüßte die
Frau und er begrüßte den Mann. Doch am
nächsten Morgen ließen ihn wieder beide allein. Und am übernächsten auch. So ging es
Tag für Tag.

Die Spaziergänge wurden nicht nur seltener,

sondern auch immer kürzer. Während sie früher durch die Wälder gestreift waren, bis die Sonne hinter dem Horizont verschwand, hatte Nathan jetzt manchmal Mühe, seine Geschäfte zu erledigen, bevor sie wieder umkehrten. Und während die Frau und der Mann früher gelacht hatten, wenn Nathan sich vor Wonne im hohen Gras gewälzt hatte, spürte er nun ihre Ungeduld.

Vorbei war die Zeit der Spaziergänge, der Streicheleinheiten und der freundschaftlichen Raufereien. Niemand hatte Zeit für Nathan, keiner kümmerte sich um ihn. Nathan langweilte sich.

Zunächst verschlief er die Zeit einfach. Doch irgendwann wachte er auf und konnte und wollte nicht mehr schlafen. Aber er war immer noch allein.

Vor lauter Langeweile zerkaute Nathan Schuhe, Bücher oder Kissen. Er kratzte Tapete von den Wänden. Er legte sich ins Bett oder auf die Couch, er untersuchte genüsslich den Inhalt des Mülleimers, und schließlich machte er sogar ein Bächlein. Mitten auf den Teppich. Als die Frau und der Mann am Abend nach Hause kamen und die Bescherung sahen, die Nathan angerichtet hatte, wurden sie sehr böse und schimpften mit ihm.

Nathan war traurig. Er konnte es nicht leiden, wenn die Frau und der Mann mit ihm schimpften. Aber sobald sie ihn wieder allein ließen, war ihm so langweilig und er spürte eine so merkwürdige Unruhe, dass er erneut Schuhe anknabberte, Kopfkissen zerfetzte und den Mülleimer ausräumte.

„Das geht so nicht mehr weiter", sagte der Mann eines Abends zur Frau. „Jeden Tag diese Sauerei. Und die Nachbarn beschweren sich, weil der Hund immer heult, wenn wir nicht da sind."

Die Frau nickte und tätschelte Nathan den Kopf.

Nathan wusste nicht, worüber die Frau und der Mann sprachen. Aber er spürte, dass es etwas mit ihm zu tun hatte. Und er spürte, dass die Frau traurig war.

Nathan presste die Ohren dicht an den Kopf. Sein Schweif, den er sonst stolz in die Luft reckte, klemmte zwischen seinen Hinterläufen. Er legte den Kopf in den Schoß der Frau und leckte ihre Hand.

Die Hand schmeckte nach Traurigkeit. Und nach Abschied.

Das grosse graue Haus

Am nächsten Tag stiegen die Frau und der
Mann ins Auto und Nathan durfte mit. Er
freute sich. Jetzt würden sie dorthin fahren,
wo es grüne Wiesen, Bäume und Flüsse gab.
Nathan drehte sich aufgeregt im Kreis, er
jaulte, er fiepste.
Aber dort, wo die Frau und der Mann an-
hielten, waren keine grünen Wiesen, keine
Bäume und kein Fluss. Sie hielten vor einem
großen grauen Haus, aus dem Nathan ein
grauenvoller Geruch entgegenströmte. Ein
Geruch nach Angst, Trauer und Einsamkeit.

Ein Geruch nach Wut, Verlassensein und Verständnislosigkeit.

Nathan hatte Angst. Er spürte, dass etwas Schreckliches geschehen würde. Er klemmte den Schwanz ein und ließ sich von der Frau an der Leine ziehen. Er stemmte die Vorderpfoten in den Boden. Aber auf dem Asphalt fand er keinen Halt. Die Frau zog ihn vorwärts. Nathan winselte. Er sah die Frau an und er sah den Mann an. Hoffnungsfroh wedelte er mit dem Schwanz. Nur ein ganz kleines bisschen. Doch die Frau beachtete ihn nicht. So betraten sie das große graue Haus. Der Geruch wurde intensiver.

Dann war da ein anderer Mann, ein fremder Mann, der mit Nathans Frau und Nathans Mann redete. Nathan verstand nicht, wovon sie sprachen, aber er hörte seinen Namen.

Nathan zitterte.

Dann gingen die Frau und der Mann, ließen ihn allein, sahen sich nicht einmal nach ihm um. Sie verließen ihn.

Hatten sie ihn vergessen?

Nathan winselte, dann jaulte er, dann bellte er. Wo gingen sie hin? Warum ließen sie ihn allein? Warum nahmen sie ihn nicht mit? Nathan weinte.

„Du Armer", sagte der fremde Mann zu ihm und streichelte Nathan über den Kopf. „Du hast zu viel angestellt? Warst vermutlich den ganzen Tag allein, hm? Hast dich gelangweilt. Aber so ein hübscher Kerl wie du findet bestimmt schnell ein neues Zuhause."

Nathan verstand nicht, was der Mann zu ihm sagte, aber der Klang der Stimme tat ihm gut. Er spürte, dass der Mann ihm nichts Böses wollte, es gut mit ihm meinte. Nathan mochte Menschen und vertraute ihnen. Menschen waren gut, Menschen waren stark, Menschen waren klug und sorgten für Essen. Menschen streichelten ihn, lobten ihn, waren allwissend und mächtig.

Aber da war immer noch dieser Geruch. Dieser Geruch nach Angst und Einsamkeit und

Trauer. Nach Wut, Verlassensein und Verständnislosigkeit. Dieser Geruch, der Nathan zittern ließ.

Der Mensch führte Nathan einen Gang entlang. Es war ein langer schmaler Gang. Der harte kalte Boden bot Nathan keine Chance, sich gegen den Zug der Leine zu wehren. Und der Geruch wurde immer stärker. Der Mensch öffnete eine Tür am Ende des Ganges und führte Nathan über einen Hof. Wildes Gekläffe schallte ihnen entgegen. Der Mensch führte Nathan an Gittern vorbei. Hinter den Gittern waren andere Hunde. Einige von ihnen beschimpften Nathan, andere begrüßten ihn und ein paar beachteten ihn gar nicht. Der Geruch wurde unerträglich.

Jetzt hatte Nathan die Quelle des Geruchs gefunden.

Der Mensch öffnete eines der Gitter und führte Nathan in den Zwinger. Er schloss die Tür hinter sich und zog Nathan die Leine und das Halsband aus. Er stellte ihm einen

Napf mit Wasser hin. Dann streichelte er Nathan noch einmal über den Kopf und ließ ihn allein.

Nathan verstand nicht, was geschehen war. Wo war die Frau? Wo war der Mann? Wo waren sie hingegangen? Warum hatten sie ihn nicht mitgenommen? Warum hatten sie ihn hier gelassen, an diesem schrecklichen Ort?

Nathan weinte, bis er einschlief. Er schlief nicht fest. Er schlief nie fest, aber er döste vor sich hin. Nathan träumte. Er träumte von seiner Frau und seinem Mann, er träumte von Wiesen, Wäldern und Flüssen, von Feldern und Kaninchen. Er träumte von Stöckchen, die er seinem Mann zurückbrachte, und von dem Lob, das er dafür erhielt. „Du bist ein toller Hund", sagte der Mann im Traum zu ihm. Und der Traumnathan wedelte mit dem Schwanz. Der Traumnathan lief über den Strand, er lief kilometerweit. Er spielte mit den Wellen, er schwamm in einem See, er rannte durch dicken, weißen, unberührten Schnee. Der Traumnathan war glücklich. Er streckte seinen Schweif in die Höhe, damit jeder sehen konnte, was für ein toller Hund er war.

Dann wachte Nathan auf. Der Traumnathan blieb im Traum zurück. Übrig blieb Nathan. Nathan, der in einer Zelle lag. Einer kalten, grauen Zelle. Es roch nach fremden Hunden. Es roch nach Angst, Einsamkeit und Trauer. Nathan starrte auf die graue Wand am hinteren Ende seiner Zelle. Nathan war traurig.

Am nächsten Tag kam ein anderer Mensch und brachte ihm etwas zu essen. Nathan schnupperte an dem Menschen. Er roch nach anderen Hunden, nach Katzen und nach Dingen, die Nathan nicht kannte. Der Mensch streichelte Nathan und sprach mit ihm. Aber dann ging er wieder und ließ Nathan in seinem Zwinger allein.

Nathan aß.

Mittags kam der Mensch zurück. Er brachte ihm frisches Wasser, streichelte ihn und verschwand wieder.

Nathan langweilte sich. Er lief in seinem Käfig auf und ab, hin und her. Er lief von vorne nach hinten und von links nach rechts. Aber er konnte diesem Geruch nicht entkommen. Diesem Geruch nach Angst, Einsamkeit und Trauer. Nach Wut, Verlassensein und Verständnislosigkeit. Er umgab ihn, war überall, nebelte ihn ein.

Nachmittags holte der Mensch ihn aus dem Zwinger und führte ihn auf eine große Wiese. Auf der Wiese waren noch andere Hunde. Nathan begrüßte sie, spielte und raufte mit ihnen. Er lief so viel und so schnell er konnte, jagte anderen Hunden hinterher und ließ sich von ihnen jagen. Zum ersten Mal, seit seine Frau und sein Mann nicht mehr da waren, streckte er seinen Schwanz in die Höhe. Er schnupperte an dem Gras – es roch nach Freiheit –, wälzte sich auf dem Rücken hin und her, um den Geruch anzunehmen, und zappelte mit den Beinen in der Luft. Trotzdem war Nathan nicht glücklich, jedenfalls nicht so richtig.

Dann kam der Mensch wieder und brachte ihn zurück in seinen Käfig. Er gab ihm frisches Wasser und etwas zu essen und ließ ihn allein.

Nathan fühlte sich einsam. Er sehnte sich nach seiner Frau und seinem Mann. Er hatte sie noch nicht vergessen. Er vermisste den Duft der Frau, der in seiner Erinnerung mit dem Duft seiner Mutter verschwamm, zu einem wurde: ein Duft nach Milch, nach Wärme, nach Geborgenheit und Liebe. Würde er diesen Duft eines Tages vergessen? Würde er die Frau und den Mann vergessen? Würden sie wiederkommen? Würden sie ihn hier rausholen?

Der nächste Tag verlief genauso wie der erste. Und der Tag danach auch. Und der Tag nach diesem Tag auch. Schließlich hatte sich

Nathan daran gewöhnt, einsam zu sein und traurig zu sein. Fast schon nahm er den Geruch nicht mehr wahr.

Ab und zu kamen fremde Menschen, blieben vor dem Käfig stehen und starrten Nathan an. Manche redeten miteinander, aber nicht mit ihm. Oft überkam Nathan dabei eine wilde Wut. Er sprang an dem Gitter hoch und kläffte laut. Dann gingen die Menschen schnell weiter.

Andere sprachen ihn an, aber das interessierte Nathan nicht. Er verkroch sich in eine Ecke seines Zwingers und wartete, bis die Menschen gegangen waren. Die Zeiten, in denen Nathan Menschen toll gefunden hatte, waren vorbei.

Eines Tages standen wieder Menschen vor Nathans Zwinger. Eine Frau, ein Mann und ein Mädchen.

Nathan war müde. Er wollte in Ruhe gelassen werden.

Er verzog sich in die hinterste Ecke, drehte

den Menschen den Rücken zu und wartete darauf, dass sie weitergingen.

Doch die drei gingen nicht weiter. Sie standen vor Nathans Käfig und betrachteten ihn.

„Ja, wer bist du denn?", fragte das Mädchen.

Nathan spitzte die Ohren. Die Stimme klang angenehm. Sie rief eine Erinnerung in ihm wach an etwas, was er schon fast vergessen hatte. Eine Erinnerung an Wärme, an Geborgenheit, an Liebe. Aber er wandte den Menschen weiterhin den Rücken zu.

„Das ist unser Nathan", sagte der Tierheimleiter. „Ein neunzehn Monate alter Schäferhundmischling. Er ist sehr lieb und gehorcht aufs Wort. Die Leute haben ihn abgegeben, weil sie nicht genug Zeit für ihn hatten."

„Hallo, Nathan", sagte das Mädchen mit leiser Stimme.

Nathan wandte den Kopf. Er hatte seinen Namen gehört. Und jetzt musste er einfach wissen, wie der Mensch mit dieser Stimme aussah. Er war neugierig.

„Du bist aber ein Toller", sagte das Mädchen. „Ja, komm doch mal her."

Nathan schaute das Mädchen an. Es hatte ihn gelobt, es fand ihn toll. Das gefiel Nathan. Gleichzeitig wurde er aber auch unruhig. Was wollte dieses fremde Mädchen von ihm? Was erwartete es? Nathan drehte den Kopf wieder weg. Er war unschlüssig. Aber er lauschte der Stimme, die die Worte mit einer Betonung sprach, die er lange nicht mehr gehört hatte, aber nach der er sich sehnte.

Schließlich hielt er es nicht mehr aus. Er musste einfach wissen, wie der Mensch mit dieser Stimme roch. Langsam erhob er sich. Er streckte die Vorderpfoten weit nach vorne. Dann verlagerte er sein Gewicht von den Hinterbeinen auf die Vorderbeine und zog die Hinterläufe nach. Erst den rechten, wobei er auch die Pfote streckte, und dann den linken. Er gähnte. Dabei sah er an den Menschen vor den Gitterstäben vorbei, als wären sie das Uninteressanteste auf der ganzen Welt. Bedächtig ging er ein paar Schritte auf das Mädchen zu, das sich vor dem Käfig hingehockt hatte. Fast unmerklich wedelte er mit dem Schwanz. Die Ohren hatte er aufgestellt. Er streckte den Hals vor, machte sich ganz lang und schnupperte durch die Gitterstäbe an der Kleidung des Mädchens.

„Du bist aber hübsch", sagte das Mädchen, ohne sich von der Stelle zu rühren.

Nathan wedelte ein klein wenig mit dem Schwanz. Er sog den Geruch des Mädchens in sich ein. Es roch nach Freiheit, nach Spazierengehen, nach Wiesen, Feldern und Bäumen, an die man pinkeln konnte – und nach anderem Hund. Aber hier roch alles nach anderem Hund.

Die Zwingertür wurde aufgeschlossen. Der Tierheimleiter kam zu ihm herein und legte ihm das Halsband und die Leine an.

Jetzt wedelte Nathan so heftig mit dem Schwanz, dass sein Hinterteil wackelte. Er wusste, was es bedeutete, wenn er Halsband und Leine tragen musste: Er durfte spazieren gehen.

Dann konnte Nathan aus seinem Zwinger heraus. Er schnupperte an dem Mädchen, er schnupperte an der Frau, an dem Mann und wieder an dem Mädchen. Mit stolz in die Luft gestrecktem Schweif ging er an den Gitterstäben vorbei, hinter denen die anderen Hunde waren. Sie kläfften ihn an. Sie sprangen an den Gitterstäben hoch und beschimpften Nathan.

Er wurde durch den langen Gang geführt, den er das letzte Mal bei seiner Ankunft gesehen hatte. Sie ließen das große graue Haus hinter sich.

Nathan war glücklich. Er schnupperte überall und wedelte fast unablässig mit seinem Schwanz. Aufgeregt lief er von der einen Wegesseite zur anderen und zurück. Hier roch endlich nichts mehr nach Angst, nach Einsamkeit oder Trauer. Er sprang an dem

Mädchen hoch, schnappte nach der Leine, die es in der Hand hielt, und zog daran. Und das Mädchen lachte.

Das Mädchen löste die Leine von Nathans Halsband. Nathan hüpfte vor Freude wie ein bockiger Esel. Er hob das erstbeste Stöckchen vom staubigen Weg auf und hielt es dem Mann entgegen. Jetzt lachte der Mann. Er nahm das Stöckchen aus Nathans Maul und warf es, so weit er nur konnte, den Weg entlang.

Nathan preschte los. Er lief zu dem Stöckchen, bremste davor so scharf, dass der Staub aufwirbelte, schnappte sich das Stöckchen und brachte es dem Mann zurück. Der lachte wieder. Auch das Mädchen lachte. Nathan lachte auch – aber das merkte niemand.

Sie machten einen langen Spaziergang.

Doch dann kehrten sie um und gingen zu dem großen grauen Haus zurück. Als Nathan das Haus sah, wurden seine Schritte langsamer. Seine Rute, die er während des Spazier-

gangs steil in die Luft gestreckt hatte, fiel
herab. Der Geruch nach Angst, Einsamkeit
und Trauer wurde in dem Maß stärker, in
dem der Duft nach Freiheit, nach Wald und
Wiese nachließ.

Vor dem Haus blieben sie stehen. Nathan hechelte. Der Mann verschwand in dem Haus.
Das Mädchen und die Frau blieben mit Nathan draußen.

Nathan sah zu dem Mädchen auf. Das Mädchen lächelte und beugte sich zu Nathan
hinab.

„Es ist alles in Ordnung", sagte es. „Wir nehmen dich mit. Du musst nicht mehr dahin
zurück."

Schließlich kam der Mann wieder und sie
führten Nathan zu einem Auto.

Nathan findet ein neues Zuhause

Nathan saß neben dem Mädchen auf der Rückbank. Er betrachtete die vorüberfliegende Landschaft. Die Frau hatte das Fenster einen Spaltbreit geöffnet und der Wind trug verschiedene Düfte in den Wagen. Nathan reckte die Nase und schnupperte. Der Wind fuhr durch sein Fell, bauschte es auf. Reinigte es von dem quälenden Geruch des Tierheims. Auch im Inneren des Wagens schnupperte Nathan. Er schnupperte an dem Mädchen und er schnupperte an den Sitzen.

Der Wagen hielt. Die Fahrt war zu Ende.

„So, jetzt sind wir da", sagte das Mädchen. „Hier ist dein neues Zuhause."

Nathan verstand die Worte nicht, aber er spürte in diesem Moment, dass er nicht mehr in das große graue Haus zurückmusste.

Sie stiegen aus. Noch bevor der Mann die Haustür ganz aufgestoßen hatte, kam sie ihm entgegen. Sie war so groß wie er, hatte an den Seiten ein braunes Fell, das auf dem Rücken allmählich in Schwarz überging. Auch ihr Gesicht war schwarz, und sie hatte aufrecht stehende Ohren. Als sie ihn sah, blieb sie abrupt stehen. Der Schwanz schoss in die Höhe und die Haare an ihrem Nacken stellten sich auf. Vorsichtig kam sie auf ihn zu.

Auch Nathan war wie angewurzelt stehen geblieben. Und auch er hatte den Schwanz hoch erhoben; die Schwanzspitze schaukelte sanft hin und her. Das war aber auch das Einzige, was sich an Nathan bewegte.

Langsam ging die Hündin um ihn herum und beschnupperte ihn. Anschließend beschnupperte Nathan sie – so weit sie ihn ließ. Sie gefiel Nathan.

Dann bellte die Hündin. Sie legte sich mit den Vorderpfoten flach auf den Boden, reckte dabei den Po in die Höhe und wedelte mit dem Schwanz. „Spiel mit mir!", forderte sie ihn auf und hüpfte vor Nathan auf und ab wie ein Gummiball, drehte sich um die eigene Achse und ließ sich wieder auf die Vorderpfoten nieder.

„Spiel mit mir!", rief sie ihm ein zweites Mal zu.

Nathan war glücklich. Er hatte eine neue Frau und einen neuen Mann gefunden. Und er hatte ein Mädchen und eine Freundin. Er lebte in einem großen Haus und hatte einen Garten, in dem er mit seiner neuen Freundin herumtoben konnte. Er fühlte sich warm und geborgen. Keine Gitterstäbe begrenzten seine Freiheit. Keine kalte graue Wand schloss ihn ein. Kein Geruch nach Angst, Einsamkeit und Trauer umgab ihn. Doch ein Teil dieses Geruchs haftete immer noch an ihm, holte ihn in seinen Träumen ein.

Morgens ging der Mann weg und kam erst abends wieder. Das Mädchen ging auch morgens weg, aber es kam schon viel früher wieder. Selbst wenn die Frau wegging, war Nathan nicht allein. Dann spielte und tobte er mit seiner neuen Freundin. Oder er schlief. Aber die Frau ging selten weg und sie blieb auch nie lange fort.

Wenn sie Ausflüge machten, war Nathan der glücklichste Hund der Welt. Er lief mit seiner neuen Freundin voraus und schnupperte überall. Wenn er ein Stöckchen fand, dann hielt er es zwischen den Zähnen fest und forderte den Mann auf, mit ihm zu spielen. Der Mann lachte dann, nahm ihm das Stöckchen aus dem Maul und warf es für ihn weit weg, damit er es holen konnte. Auch das Mädchen warf für ihn das Stöckchen, und Nathan lief mit seiner neuen Freundin um die Wette, wer als Erster am Stöckchen war und es zurückbringen konnte.

Am meisten liebte Nathan das Mädchen, obwohl es nicht so stark war wie der Mann oder die Frau. Vielleicht liebte er es auch gerade deshalb so sehr. Die Frau und den Mann konnte er bewundern. Sie waren stark, sie waren klug, und was sie sagten, war das Gesetz. Sie waren mächtig! Auch das Mädchen war klug und stark, aber er spürte, dass es ihn am ehesten brauchte und dass es ihm die meiste Liebe entgegenbrachte. Und das gefiel Nathan. Er fühlte sich dann unverzichtbar, er fühlte sich stark.

Nathan hatte das große graue Haus nicht vergessen. Aber es war weit weg. Und mit jedem Tag, den er bei seiner neuen Familie verbrachte, verschwand ein Stück der Erinnerung an diese traurigste Zeit in seinem Leben.

Manchmal ging er mit dem Mädchen und der Hündin allein spazieren. Dann fuhren sie nicht mit dem Auto irgendwohin, sondern liefen über Felder und kleine Wege, die hinter dem Haus lagen, in dem Nathan jetzt wohnte. Auf diesen Spaziergängen kamen sie stets an einem Hof vorbei, auf dem ein anderer Rüde lebte. Sobald der fremde Rüde sie sah, kläffte er wie wild und sprang an den Gitterstäben seines Zwingers hoch. Um welche Uhrzeit auch immer sie an dieser Stelle vorbeikamen – der Rüde war in seinem Zwinger und kläffte sie an.

Nathan meinte an dem fremden Hund einen Geruch wahrzunehmen, den er kannte und der ihn etwas empfinden ließ, was er nie wieder empfinden wollte. Es roch nach Angst, Einsamkeit und Trauer, nach Wut, Verlassensein und Verständnislosigkeit.

An diesem Platz lief Nathan immer ganz schnell vorbei. Er legte die Ohren an, ließ den Schwanz hängen und war jedes Mal froh, wenn der Geruch dem Duft von frischem Gras weichen musste. Dann drehte er sich um und erwartete das Mädchen und die Hündin schwanzwedelnd an der nächsten Ecke.

„Hast du Angst, Nathan?", fragte ihn das Mädchen und lachte, wenn er sich so aufführte. „Der kann dir doch gar nichts tun! Der ist doch eingesperrt!" Das Mädchen konnte den Geruch, der Nathan so quälte und der vage Erinnerungen in ihm wach werden ließ, nicht wahrnehmen. Die Hündin dagegen nahm den Geruch durchaus wahr, aber er hatte für sie keine Bedeutung. Das waren die einzigen Momente, in denen Nathan an das große graue Haus erinnert wurde.

Nathan und seine Freundin schliefen in einem Flur vor dem Zimmer des Mädchens. Eines Nachts brach ein großes Unwetter herein. Es donnerte und es blitzte. Regen prasselte auf das Dach. Der Wind schlug ein Fenster im Flur zu.

Nathan hatte Angst. Er zuckte zusammen, als das Fenster mit einem lauten Knall zuflog, und sprang auf. Mit eingeklemmtem Schwanz, zitternd, drückte er mit der Nase die angelehnte Tür zum Zimmer des Mädchens auf. Als er auf das Bett zuging, kratzten seine Krallen auf dem Holzboden. Er stand vor dem Bett, legte seinen Kopf auf die Matratze, stupste das Mädchen an.

Doch das Mädchen schlief.

Nathan nahm all seinen Mut zusammen. Er stützte die Vorderpfoten auf dem Bett auf und robbte vorsichtig vor. Schließlich legte er den Kopf ganz dicht an den Körper des Mädchens. Mit den Hinterbeinen stand er noch auf dem Boden. Er fiepste. Das Mädchen wurde wach.

„Hast du Angst vor dem Gewitter?", fragte es leise.

Nathan wedelte mit dem Schwanz. Nicht

viel, nur ein bisschen. Viel konnte er nicht wedeln, denn der Schwanz klemmte ja zwischen den Hinterläufen.

„Na, komm, du Held", sagte das Mädchen und klopfte mit der flachen Hand auf die Decke.

Nathan verstand. Er sprang auf das Bett, rollte sich ganz eng zusammen, legte sich mit seinem Rücken an den Bauch des Mädchens, presste sich dagegen. Jetzt konnte ihm nichts mehr passieren. Jetzt war er sicher. Er spürte die Wärme und die Liebe. Er fühlte sich geborgen.

Besuch

Eines Tages – Nathan war schon lange bei
seiner neuen Familie, er hatte gesehen, wie
alles weiß wurde, hatte im verschneiten Garten getollt und miterlebt, wie der Schnee
wieder verschwand und die Sonne die ersten
Blumen blühen ließ – kam ein anderer Rüde
zu Besuch. Nathan knurrte und wollte den
Eindringling vertreiben. Er wollte das Mädchen, die Frau und seine Freundin beschützen. Doch die Frau hielt ihn fest.
„Nein!", sagte sie energisch und sperrte Nathan in ein Zimmer. Nathan bellte, Nathan

winselte. Aber niemand kümmerte sich um ihn. Niemand ließ ihn heraus, niemand ließ ihn beschützen, was er beschützen wollte: seine Familie.

Schließlich – eine ganze Weile später – ließen sie ihn wieder heraus. Überall roch es nach dem fremden Rüden, aber Nathan konnte ihn nirgends finden. Nathan beschnupperte die Hündin. Auch sie roch anders als sonst. Auch sie roch nach dem fremden Rüden.

Die Hündin wurde dicker und dicker. Sie spielte nicht mehr, sie tobte nicht mehr. Sie fraß alles, was sie kriegen konnte. Den ganzen Tag lag sie im Schatten und hechelte. Nathan forderte sie zum Spielen auf, aber sie knurrte und ließ ihn nicht an sich heran. Und als sie nach einigen Wochen fünf Welpen zur Welt brachte, durfte Nathan nicht dabei sein. Die Welpen sahen alle gleich aus. Sie hatten ein schwarzbraunes Fell und ein ganz schwarzes Gesicht. Es waren Schäferhundwelpen.

Sie jaulten und quiekten. Sie tranken und schliefen.

Sobald das Mädchen mittags nach Hause kam, lief es als Erstes zum Körbchen mit den Welpen. Es kraulte sie, nahm sie hoch und spielte mit ihnen. Nathan beachtete sie gar nicht.

Nathan lief dem Mädchen hinterher, doch die Hündin knurrte ihn an, wenn er den Welpen zu nahe kam.

„Nicht, Nathan, du machst ihnen Angst."

Nathan verstand das Mädchen nicht, aber seine Stimme klang nicht freundlich.

Niemand kümmerte sich mehr um Nathan. Wenn der Mann abends nach Hause kam, begrüßte Nathan ihn. Er sprang an ihm hoch, jaulte und leckte dem Mann die Hand ab.

„Ist ja gut, mein Junge", sagte der Mann dann und schob ihn zur Seite, damit er so schnell wie möglich zu den Welpen kam.

Nathan blieb im Flur stehen und sah dem Mann hinterher, der in dem Zimmer verschwand, das er nicht mehr betreten durfte. Sein Schwanz hing hinunter und seine Augen blickten traurig.

Er legte sich vor die verschlossene Tür und wartete. Von drinnen drang Lachen zu ihm heraus. Er schnupperte Milch, Wärme, Geborgenheit und Liebe. Doch die Liebe, die Geborgenheit und die Wärme waren auf der anderen Seite der Tür. Sie drangen nicht bis zu ihm. Nathan winselte. Er fiepste und kratzte mit der Pfote an der Tür, damit sie ihn einließen. Er quetschte seine Nase an die Ritze zwischen Tür und Boden und sog den Geruch ein. Er schnaubte laut und atmete wieder ein.

Da öffnete sich die Tür und die Frau kam heraus. Nathan sah zu ihr auf. Er wedelte mit dem Schwanz. Doch die Frau schrie ihn an: „Was soll denn der Lärm? Du stehst im Weg, Nathan! Los, mach, dass du rauskommst."

Auch diese Worte verstand Nathan nicht, aber er lernte, was damit gemeint war. Die

Frau packte ihn am Halsband und zog ihn mit sich fort. Sie öffnete die Tür zum Garten und ging mit Nathan hinaus. Dann drehte sie sich um und ließ Nathan allein im Garten zurück.

Er stand auf der Terrasse und schaute durch die Glastür. Drinnen waren der Mann, die Frau, das Mädchen, die Hündin und die Welpen. Die Frau und der Mann lachten. Das Mädchen hockte vor dem Korb mit den Welpen und streichelte sie. Dann kraulte es die Hündin. Die Hündin klopfte mit dem Schwanz auf den Boden.

Nathan wusste nicht, warum er nicht dabei sein durfte. Er bellte und er jaulte. Dann kratzte er an der Tür und bellte noch einmal. Er wollte hinein, er wollte bei ihnen sein, bei seiner Familie.

„Schluss, Nathan! Aus!", brüllte der Mann durch die geschlossene Tür nach draußen.

Nathan rollte sich vor der Tür zusammen und winselte. Er war traurig. Etwas nahm von ihm Besitz. Er fühlte sich einsam. Er fühlte sich unverstanden. Warum durfte er nicht rein? Warum musste er draußen bleiben? Er fror. Die Nächte im Frühling können kalt sein. Er legte den Kopf auf die Pfoten und schaute hinein ins Wohnzimmer. Hinein zu seiner Familie. Er schaute, bis das Licht ausging und er allein zurückblieb. Allein lag er auf der Terrasse und träumte. Es war kein schöner Traum. In seinem Traum sah er ein großes graues Haus. Er hörte unglückliche Hunde bellen, er sah Käfige und er roch Angst, Einsamkeit und Trauer; Wut, Verlassensein und Verständnislosigkeit. Zusammengerollt lag der Traumnathan in einem Käfig. Er war umgeben von Gitterstäben. Eine kalte graue Wand begrenzte seine Zelle, nahm ihm die Freiheit.

Ein verhängnisvolles Wiedersehen

Am nächsten Morgen kam der Mann zu ihm hinaus. Nathan sprang an ihm hoch, er bellte und wedelte mit dem Schwanz. Endlich, endlich war er nicht mehr allein. Endlich durfte er wieder bei seiner Familie sein. Nathan freute sich.

Doch der Mann freute sich nicht. Er klopfte Nathan nicht auf die Seite, tätschelte nicht seinen Kopf und kraulte ihn nicht hinter den Ohren.

„Lass das!", schimpfte er, als Nathan an ihm

hochsprang. „Du machst die ganze Hose dreckig!"

Er nahm Nathan an die Leine und führte ihn aus dem Garten. An der Ecke machte Nathan ein Bächlein.

Der Mann öffnete die Heckklappe des Kombis. „Hopp, Nathan", sagte er.

Nathan sprang in den Wagen.

Der Mann schloss die Heckklappe, setzte sich hinter das Steuer und fuhr los.

Nathan betrachtete die vorüberfliegende Landschaft. Er sah Felder und Wiesen, roch das frische Gras. Doch irgendetwas war nicht in Ordnung. Er wusste, dass er nicht zum Spaziergang geführt wurde. Er spürte, dass etwas Schreckliches geschehen würde.

Schließlich hielt der Mann. Er stieg aus und öffnete die Heckklappe. Nathan sprang mit einem Satz aus dem Auto.

Vor ihm stand das große graue Haus. Ein schrecklicher Geruch strömte Nathan entgegen. Ein Geruch nach Angst, Einsamkeit und

Trauer. Es roch nach Wut, nach Verlassensein und nach Verständnislosigkeit. Und es roch nach verlorenem Vertrauen.

Nathan klemmte den Schwanz ein. Nathan winselte. Nathan stemmte die Vorderbeine in den Boden. Doch auf dem Asphalt fand er keinen Halt. Der Mann zog ihn vorwärts. Nathans Genick schmerzte, so sehr wehrte er sich gegen den unerbittlichen Zug der Leine.

„Komm jetzt, Nathan! Stell dich nicht so an!", schimpfte der Mann. Aber er sah ihn dabei nicht einmal an.

Plötzlich war da wieder der andere Mann. „Das ist doch nicht Ihr Ernst", sagte er zu Nathans Mann. „Sie geben Nathan wieder ab, weil Sie einen Welpen behalten wollen?"

„Ich wüsste nicht, dass Sie das was angeht", sagte Nathans Mann.

„Ein Hund ist doch kein Spielzeug! Leute wie Sie dürften überhaupt keine Hunde haben!"

Nathans Mann drückte dem anderen wortlos die Leine in die Hand und ging.

Nathan bellte, Nathan winselte, Nathan jaulte. Er versuchte sich loszureißen. „Lass mich nicht hier!", winselte er. „Lass mich nicht allein", jaulte er. Doch der Mann beachtete ihn nicht. Er drehte sich nicht einmal um.

Der andere Mann führte Nathan den langen schmalen Gang entlang, dessen harter kalter Boden Nathan keine Chance bot, sich gegen den Zug der Leine zu wehren. Aber er versuchte es auch gar nicht. Der Geruch wurde immer stärker. Der Mann öffnete die Tür am Ende des Ganges und führte Nathan über den Hof. Wildes Gekläffe schallte ihnen entgegen. Aber Nathan nahm es nicht wahr.

Der Mann öffnete eines der Gitter und führte Nathan in den Zwinger. Er schloss die Tür hinter sich und zog Nathan die Leine und das Halsband aus. Er stellte ihm einen Napf mit Wasser hin. Dann hockte er sich neben Nathan und kraulte ihn lange, ganz lange. Er sagte kein Wort.

Nathan jaulte nicht. Nathan winselte nicht. Nathan weinte nicht. Nathan saß da und starrte gegen die Gitterstäbe. Er nahm den Geruch in sich auf. Er sog ihn in sich ein und machte ihn zu seinem eigenen: ein Geruch nach Angst, nach Einsamkeit und Trauer; nach Wut, Verlassensein und Verständnislosigkeit und nach verlorenem Vertrauen. Er fügte dem wieder gefundenen Geruch noch einen weiteren hinzu: den Geruch nach gebrochenem Herzen.

Lange blieb der Mann bei ihm. Doch Nathan rührte sich nicht. Er ließ sich streicheln, aber er zeigte nicht, ob es ihm gefiel. Dann wandte er sich von dem Mann ab, schlich in die hinterste Ecke seiner Zelle und rollte sich dort zusammen. Den Blick hatte er auf die kalte graue Wand gerichtet.

Der Mann blieb sitzen und betrachtete Nathan. Schließlich erhob er sich. Nathan regte sich nicht. Er lag da, zusammengerollt, mit dem Gesicht zur Wand. Nicht einmal ein Ohr bewegte sich, als der Mann aufstand. Es war ihm egal. Menschen waren ihm egal.

Am nächsten Tag kam ein anderer Mann, der Nathan in einem Napf etwas zu essen brachte. Viele Menschen arbeiteten in dem Tierheim, um all die Tiere zu versorgen, die andere nicht mehr haben wollten.
Nathan lag immer noch in der Ecke. Er rührte sich nicht, als der Mann seinen Käfig betrat. Er lag da, das Gesicht zur Wand gedreht. Er folgte den Geräuschen mit den Ohren, aber er drehte sich nicht um.
Der Mensch stellte den Napf ab und kniete sich neben Nathan. Er kraulte ihn. Aber auch da reagierte Nathan nicht.
„Ich habe dir etwas zu essen gebracht", sagte der Mensch.
Nathan starrte an die Wand.

Nach einer Weile ging der Mensch.

Mittags kam er zurück und brachte Nathan frisches Wasser. Nathan hatte sich nicht von seinem Platz bewegt.

„Du hast ja gar nichts gegessen", sagte der Mensch zu Nathan. Er kniete sich wieder neben ihn hin, hielt ihm den unberührten Napf unter die Nase.

„Komm schon, du musst etwas essen."

Nathan drehte den Kopf weg.

Der Mensch stellte den Napf neben Nathan, streichelte ihn, seufzte und ging.

Nachmittags kam der Mensch ein weiteres Mal. Er legte Nathan das Halsband und die Leine an und führte ihn auf die große Wiese. Auf der Wiese waren viele andere Hunde, die miteinander spielten und rauften. Sie liefen, so viel und so schnell sie konnten, jagten hintereinander her. Der Mensch ließ Nathan von der Leine. Ein anderer Hund stürmte auf Nathan zu, forderte ihn zum Spielen auf. Doch Nathan ignorierte ihn. Schwerfällig bewegte er sich an den Rand der Wiese, wo er allein war. Er machte ein Bächlein, legte sich schließlich hin und starrte zu den anderen Hunden hinüber.

Auch am nächsten Tag aß Nathan nichts. Am Tag darauf, Nathans drittem Tag im Tierheim, setzte sich der Mann neben Nathan. Er nahm einen Fleischbrocken in die Hand und hielt ihn Nathan unter die Nase. „Komm, iss", sagte er.

Nathan sah den Mann an. Er wedelte mit dem Schwanz, doch es war kein freudiges Wedeln. Es war ein unterwürfiges Wedeln. Er wollte ja tun, was der Mann von ihm erwartete, er wollte ein toller Hund sein, aber er konnte es nicht.

Nathan leckte an dem Fleischbrocken, aber er aß ihn nicht.

Der Mann blieb lange bei Nathan. Er sprach mit ihm und bot ihm immer wieder das Fleisch an. Nach einer Weile wandte sich

Nathan ab, rollte sich zusammen und starrte an die Wand.

Der Mann ging.

Jeden Tag kam der Mann. Jedes Mal bot er Nathan etwas zu essen an. Jedes Mal etwas anderes. Doch sogar Gehacktes, für das Nathan früher die tollsten Kunststückchen vorgeführt hatte, konnte ihn jetzt nicht dazu bewegen, etwas zu essen.

Dann brachte der Mann einen zweiten Mann mit. Der kraulte Nathan, drehte ihn auf den Rücken, schaute ihm in die Ohren und in die Augen, untersuchte sein Fell und seine Zähne. Er stach Nathan mit einer Nadel ins Fell und nahm ihm mit einer Spritze Blut ab.

Nathan zuckte nicht einmal, als die Nadel sich durch seine Haut bohrte.

„Er hat nichts", sagte der Tierarzt schließlich zu dem anderen Mann. „Natürlich müssen wir erst die Ergebnisse der Blutuntersuchung abwarten, aber wenn Sie mich fragen: Er ist kerngesund."

„Aber wenn er nicht bald wieder isst, dann wird er sterben. Und wissen Sie, was das Schlimmste daran ist?"

Der Tierarzt schüttelte den Kopf.

„Er will sterben."

Noch am gleichen Tag kam der Tierheimleiter mit Halsband und Leine in Nathans Zwinger. Er zog ihm das Halsband über und leinte ihn an. Dann führte er ihn aus dem Käfig hinaus. Nathan lief bereitwillig mit. Die anderen Hunde kläfften, als er an ihren Käfigen vorbeiging. Doch Nathan war das egal. Er trottete hinter dem Tierheimleiter her. Die Leine hing schlaff durch – ebenso schlaff wie Nathans Schwanz zu Boden hing. Nathan ließ sich nicht ziehen, aber er lief auch nicht voraus.

Der Mann ging mit ihm durch den schmalen langen Gang. Er verließ das große graue Haus und führte Nathan in den Wald, der hinter dem großen grauen Haus begann.

Nathan schnupperte. Er roch an dem Gras und an den Büschen am Wegesrand. Er blieb stehen, reckte die Nase in die Luft und sog den Duft ein. Den Duft nach Freiheit, nach Kaninchenjagen, nach Stöckchensuchen und Raufen. Doch je tiefer der wieder gefundene Duft in seine Nase drang, umso mehr erinnerte er Nathan an einen anderen Duft, den er vermisste: Den Duft nach Liebe, nach Wärme und nach Geborgenheit. Nach Zugehörigkeit und Familie. Den Duft, der für ihn den Sinn des Lebens bedeutete.

Mit jedem Meter, den sie weiter in den Wald hineingingen, wurde sein Schritt leichter. Er lief von der einen Wegesseite zur anderen. Jetzt hielt er die ganze Zeit die Nase dicht am Boden. Der Geruch, der Geruch nach Angst und Einsamkeit, Trauer und Verlassensein, nach verlorenem Vertrauen und gebrochenem Herzen ließ nach, wurde mit jedem Schritt, der Nathan von dem großen grauen Haus wegführte, weniger.

Doch dann kehrten sie um. Und genauso wie Nathans Herz vorher mit jedem Schritt leichter geworden war, wurde es jetzt wieder schwerer. Je näher sie dem großen grauen Haus kamen, desto langsamer wurde Nathan. War er eben noch leichtfüßig vor dem Mann hergelaufen, so fiel er jetzt zurück. Niemand hätte ihm angesehen, dass er erst zwei Jahre alt war. Er wirkte wie ein alter, kranker Hund.

Als sie das Tierheim erreichten, trottete Nathan wieder hinter dem Tierheimleiter her. Er ließ sich von ihm durch den langen schmalen Gang führen. Er versuchte auch nicht, sich gegen den Zug der Leine zu wehren. Es hatte ja doch keinen Sinn.

Der Tierheimleiter öffnete Nathans Zwinger, zog ihm das Halsband und die Leine aus, gab ihm frisches Wasser und hielt ihm einen saftigen Fleischbrocken unter die Nase.

Nathan wandte sich angewidert ab.

Himmel und Hölle

Nathans Fell war stumpf geworden. Seine Rippen standen hervor. Er war bis auf die Knochen abgemagert. Von dem einst schönen Hund war nichts mehr zu sehen. Kaum noch hatte er die Kraft, auf die Wiese zu gehen. Und mit den anderen Hunden spielte er ohnehin nicht. Auch das Interesse an Menschen hatte er verloren.

Er lag zusammengerollt in seinem Käfig in der Ecke, den Blick auf die kalte graue Wand gerichtet. Das Gekläffe der anderen Hunde schien er gar nicht zu hören. Alle Bemühungen, Nathan zum Essen zu bewegen, waren vergebens.

„Wir können ihn höchstens intravenös ernähren", sagte der Tierarzt, als er wieder einmal nach Nathan sah.

Der Tierheimleiter schüttelte den Kopf.

„Das hat doch keinen Sinn", sagte er. „Hier, im Tierheim, wird er nie anfangen zu essen."

Menschen, die an Nathans Zwinger vorbeigingen, bemerkten ihn meist gar nicht. Und selbst wenn sie auf ihn aufmerksam wurden, waren sie höchstens schockiert.

„Der ist krank", flüsterten sie sich zu.

„Der ist alt", sagte eine Frau zu ihrem Mann und der Mann nickte.

„Ja", antwortete er. „Der macht's bestimmt nicht mehr lange."

Nathan war es egal. Er interessierte sich nicht mehr für die Menschen vor seinem Zwinger. Sie regten ihn noch nicht einmal mehr auf.

Immer wenn er Zeit hatte, ging der Tierheimleiter mit Nathan spazieren. Das waren die einzigen Momente, in denen etwas vom alten Glanz in Nathans Augen aufleuchtete. Sobald sie das Tierheim hinter sich gelassen hatten, lief Nathan voraus. Er war nicht mehr besonders kräftig, aber immer noch schnupperte er den Duft der Freiheit und wälzte sich auf dem Boden, die Beine in die Luft gestreckt.

Als der Tierheimleiter eines Tages von einem dieser Spaziergänge zurückkehrte und Nathan in seinem Zwinger das Halsband auszog, blieb ein Tierpfleger vor dem Käfig stehen und beobachtete die beiden.

„Wie geht es ihm?", fragte der Pfleger.

Der Tierheimleiter schüttelte traurig den Kopf.

„Er will immer noch nicht essen", antwortete er. „Wenn ich ihm das Fleisch hinhalte, sieht er fast so aus, als müsste er sich beherrschen, um sich nicht zu übergeben. Es hat einfach keinen Sinn. Er verträgt das Tierheim nicht. Wenn ihn nicht bald jemand hier rausholt, ist er tot. Das Einzige, was ihn bislang am Leben erhält, sind die Spaziergänge. Aber wie lange noch?" Er seufzte. „Und woher soll ich die Zeit nehmen? Wer kümmert sich um die einundfünfzig Katzen, die siebenunddreißig anderen Hunde, die Meerschweinchen, die Kaninchen und Hasen?"

„Und die Hauptreisezeit steht uns erst bevor", pflichtete ihm der Pfleger bei. „In den nächsten beiden Monaten werden es noch viel mehr."

Der Tierheimleiter lachte. Aber es war kein fröhliches Lachen. „Dann habe ich weder Zeit für Nathan noch für die trächtige Katze, die jemand vor dem Tierheim ausgesetzt hat, noch für den schwerkranken Retriever, dessen Halter die Tierarztkosten nicht mehr bezahlen kann oder will, noch für den alten, erblindeten Dobermann, den man in einer Scheune angebunden gefunden hat, nachdem sein Herrchen gestorben ist." Der Tierheimleiter hatte seine besonderen Pflegefälle an den Fingern abgezählt.

Der Dobermann Benny hatte zeit seines Lebens in einer dunklen Scheune verbracht, angebunden und das Fell durch den eigenen Kot und Urin so stark verunreinigt, dass er lauter Ekzeme hatte. Blind war er – nach Meinung des Tierarztes –, weil er nie das Sonnenlicht gesehen hatte. Für ihn war das Tierheim eine Erlösung. Er würde nie mehr vermittelt werden – wer wollte schon einen sieben Jahre alten, kranken und blinden Hund? Aber er genoss die Liebe und die Zuneigung, die ihm von den Menschen im Tierheim zuteil wurden. Er genoss den Umgang mit den anderen Hunden, mit denen er trotz seiner Behinderung erstaunlich gut zurechtkam. Seine Ekzeme wurden behandelt und verursachten ihm keine Schmerzen mehr.

„Es ist zwar niederschmetternd, so zu denken", sagte der Tierpfleger und es schien, als spräche er mehr zu sich selbst als zu dem Leiter, „aber für Benny sind diese letzten Jahre, die er im Tierheim verbringt, das Beste, was ihm in seinem ganzen Leben widerfahren ist. Er ist hier glücklich. Für ein Tier, das nie geliebt wurde, ist dieses Tierheim das Paradies auf Erden, aber für Nathan? Er hat alles verloren, was in seinem Leben eine Bedeutung gehabt hat. Während das Tierheim für unseren Benny die Rettung ist, muss es Nathan wie das Ende von allem erscheinen."

„Himmel und Hölle", murmelte der Tierheimleiter. „Manchmal hasse ich meine Arbeit. Manchmal wünsche ich mir, nicht täglich mit so viel Unglück konfrontiert zu werden. Wie schön muss es sein, einfach nach Hause zu gehen und zu vergessen."

„Aber irgendjemand muss sich um die hunderttausende von Tieren kümmern, die jährlich wie leere Jogurtbecher weggeworfen werden", widersprach der Tierpfleger.

Darauf wusste auch der Tierheimleiter nichts mehr zu erwidern und die beiden Männer kümmerten sich wieder um ihre Arbeit. Irgendjemand musste sie schließlich tun.

Ein Versprechen

Einmal blieb ein kleines Mädchen vor Nathans Zwinger stehen. Alles, was es von ihm sah, war sein magerer Rücken und die hervorstehenden Hüftknochen.

Nathan lag eingerollt, mit dem Gesicht zur Wand, in der hintersten Ecke des Zwingers.

„Schau mal", sagte das Mädchen zu seiner Mutter. „Der ist aber traurig."

„Der ist nicht traurig, Schatz", sagte die Mutter und beugte sich ein wenig zu ihrer Tochter hinunter. „Der ist alt."

„Und krank", sagte der Vater.

„Nein, er ist traurig", beharrte das Mädchen.

„Er ist krank, weil er traurig ist", sagte der Tierheimleiter, der die Familie auf der Suche nach einem neuen Hausgenossen begleitete. „Aber alt ist er nicht."

„Und warum ist er traurig?", fragte das Mädchen.

„Er hat ein gebrochenes Herz", sagte der Tierheimleiter. „Er hat zwei Mal Menschen seine Liebe und sein Vertrauen geschenkt und er ist beide Male enttäuscht worden. Nun hält er nichts mehr von den Menschen. Er hat sich und sein Leben aufgegeben."

„Und dadurch ist er krank geworden?", fragte die Mutter.

„Organisch gesehen ist er gesund. Aber er verträgt das Tierheim nicht", erklärte der Tierheimleiter. „Wenn Sie mit ihm spazieren gehen, werden Sie merken, dass er nicht wirklich krank ist."

„Aber er ist so abgemagert", stellte die Mutter fest.

„Ja. Er verweigert jedes Essen. Er will lieber sterben, als im Tierheim zu leben. Er braucht eine Familie und Menschen, die sich um ihn kümmern, die bereit sind, ihm Liebe und Wärme zu geben."

„Ach was, lasst uns weitergehen", sagte der Vater. „Er ist doch viel zu alt."

Die Mutter wandte sich bereits um. Doch das Mädchen blieb stehen.

„Wie alt ist er denn?", fragte es den Tierheimleiter.

„Er ist vor kurzem zwei geworden."

„Und wie heißt er?"

„Eigentlich heißt er Nathan. Aber ich habe ihn Nathan der Waise genannt."

„Ich möchte mit Nathan spazieren gehen", sagte das Mädchen zu seinen Eltern.

„Aber Linnea …", begann die Mutter.

Bis jetzt hatte sich Nathan nicht gerührt. Er hatte den Menschen vor seinem Käfig den Rücken zugekehrt und darauf gewartet, dass sie weitergehen würden. Jetzt drehte er sich um und sah Linnea an. Nicht etwa, weil ihn das Mädchen interessiert hätte, aber es hatte die entscheidenden Worte gesagt: „Nathan" und „spazieren gehen". Das hatte Nathan verstanden. Und das Einzige, was ihn noch interessierte, war spazieren gehen. Im Wald konnte er diesen Geruch, der ihn hier umgab und ihm die Luft zum Atmen nahm, für eine Weile vergessen.

„Bitte, Mama", bettelte Linnea.

„Gehen Sie ruhig mit ihm spazieren", sagte der Tierheimleiter. „Sie tun auf alle Fälle ein gutes Werk, auch wenn Sie ihn nicht nehmen wollen. Aber ich versichere Ihnen, Sie werden merken, dass ich Ihnen die Wahrheit gesagt habe."

Die Mutter sah den Vater an. Der Vater nickte.

„Also gut. Aber nur ein Spaziergang. Dann sehen wir weiter."

Der Tierheimleiter öffnete die Tür zum Zwinger.

Nathan hatte sich bereits erhoben. Mit wackeligen Beinen stand er da und sah dem Mann entgegen. Bereitwillig ließ er sich das Halsband überstreifen, das mittlerweile viel zu groß für seinen dünnen Hals geworden war.

Der Tierheimleiter befestigte die Leine am Halsband und streckte dem Mädchen das andere Ende entgegen.

Nathan folgte Linnea an den Zwingern der anderen Hunde vorbei. Die Hunde kläfften. Sie sprangen an den Gitterstäben hoch und beschimpften Nathan.

Nathan nahm es nicht wahr.

Linnea führte Nathan durch den schmalen langen Gang. Sie verließen das große graue Haus und betraten den Wald, der hinter dem Haus begann.

Nathans Schritte wurden leichter. Er lief jetzt voraus.

Linnea öffnete den Verschluss der Leine.

„Lass ihn besser nicht frei herumlaufen", mahnte die Mutter. „Nachher reißt er noch aus!"

„Er reißt nicht aus", widersprach Linnea. „Er will gar nicht ausreißen. Er will bei uns sein."

Nathan lief von der einen Wegesseite zur anderen. Er schnupperte an dem Gras, er wälzte sich auf dem Rücken, streckte die Beine in die Luft.

„Schau mal", sagte die Mutter. „Ich glaube, der Tierheimleiter hat wirklich Recht. Er ist zwar mager, aber er benimmt sich ganz normal."

Der Vater grunzte nur. „So einen verstörten Hund zu nehmen ist doch Wahnsinn", beschwerte er sich. „Ob der jemals seinen Glauben an die Menschen zurückgewinnt? Und wenn es nicht klappt und wir ihn wieder zurückbringen müssen, dann sind nachher wir die Schuldigen, wenn er stirbt …"

Nathan unterbrach die Schimpftirade des Vaters. Er hatte ein Stöckchen gefunden und hielt es ihm entgegen.

„Er will, dass du es für ihn wirfst", erklärte Linnea.

„Ich weiß", sagte der Vater. Er nahm das Stöckchen aus Nathans Maul und warf es einige Meter voraus.

Nathan lief hinterher. Er bewegte sich langsam und unsicher, aber er rannte zu dem Stöckchen, nahm es mit den Zähnen auf und brachte es zum Vater zurück.

Der Vater lachte. „Guter Hund", sagte er.

Nathan wedelte mit dem Schwanz.

Linnea und ihre Mutter warteten vor dem Tierheim, während der Vater die Formalitäten erledigte. Linnea hatte den Arm um Nathan gelegt und kraulte ihn. Als der Vater zurückkam, führten sie Nathan zum Auto. Sie stiegen ein. Der Vater fuhr los. Nathan saß neben Linnea auf der Rückbank. Er betrachtete die vorüberfliegende Landschaft.

Als das Auto hielt, flüsterte Linnea Nathan ins Ohr: „Hier ist dein neues Zuhause. Herzlich willkommen."

Nathan sprang aus dem Auto und folgte Linnea ins Haus.

Nur zögernd sah er sich in dem Haus um. Es schien, als glaubte er sowieso nicht, ein neues Zuhause gefunden zu haben, als wartete er nur darauf, wieder zurückgebracht, wieder abgeschoben zu werden. Er versuchte die Gerüche wahrzunehmen, in sich aufzunehmen, sie zu unterscheiden. Er schnaubte, sog die Luft ein und stieß sie heftig wieder aus. Aber es gelang ihm nicht. Er hatte sich verschlossen, hatte sich von der Umwelt abgeriegelt, verbarrikadiert. Und jetzt sollte er mit einem Mal die Riegel lösen? Die Barrikaden abreißen?

In seiner Nase hing der Geruch fest, der Geruch des großen grauen Hauses. Der Geruch der Angst, der Einsamkeit und der Trauer. Der Geruch des Verlassenseins, der Verständnislosigkeit und des verlorenen Vertrauens. Er hing in seinem Fell und hielt ihn gefangen.

Linnea folgte Nathan durch das Haus. Sie ließ ihn schauen, schnuppern, ohne ihn zu unterbrechen, ohne ihn zu fordern. Aber sie war da, ließ ihn nicht allein.

Nathan drehte sich zu Linnea um, hob den Kopf, sah sie an.

„Du bist ein toller Hund", sagte Linnea.

Nathan wedelte schwach mit dem Schwanz. Er machte ein paar Schritte auf Linnea zu. Schnupperte an ihrer Kleidung, schnupperte an ihrer Hand. Die Hand war warm.

„Komm mit", sagte Linnea zu Nathan und ging voraus.

Nathan folgte Linnea in die Küche.

Linnea kniete sich vor den gefüllten Fressnapf.

Nathan schnupperte zweimal an den frischen Fleischbrocken, leckte einmal daran. Dann sah er Linnea an. Er wedelte mit dem

Schwanz und versteckte seinen Kopf zwischen ihren Armen.

„Du magst nicht, hm?", flüsterte Linnea, während sie ihn streichelte. „Also gut, vielleicht magst du ja später."

Nathans Schlafdecke befand sich in Linneas Zimmer. Linnea lag in ihrem Bett und betrachtete Nathan, der sich auf seiner Decke zusammengerollt hatte. Nathan lag auf seinem Platz und betrachtete Linnea.

„Möchtest du zu mir kommen?", fragte Linnea und klopfte mit der flachen Hand neben sich auf die Matratze.

Nathan erhob sich, streckte sich und gähnte. Dann lief er auf Linnea zu, wedelte mit dem Schwanz und kroch langsam, ganz vorsichtig zu ihr aufs Bett.

Linnea legte den Arm um Nathan und flüsterte ihm ins Ohr: „Ich lass dich nicht mehr allein. Du bleibst für immer bei mir. Das verspreche ich dir."

Nathans Schwanz klopfte auf die Bettdecke.

Er leckte Linnea über das Gesicht.

Linnea lachte.

Nathan spürte die Wärme. Und auf einmal roch er es. Er sog den Geruch in sich ein. Es roch nach Liebe, nach Verständnis, nach Geborgenheit und nach Vertrauen.

Astrid Frank, 1966 in Düsseldorf geboren, studierte Germanistik, Pädagogik und Biologie. Eines ihrer Spezialgebiete ist die Verhaltensforschung. Seit 1992 ist sie als freie Autorin, Übersetzerin und Lektorin tätig. Astrid Frank wohnt in Köln.

Katharina Lausche, 1959 geboren, studierte in Hamburg an der Hochschule für Bildende Künste und an der Universität Wahrnehmungs- und Lernpsychologie. Seite 1984 ist sie als Sachbuch- und Kinderbuchillustratorin tätig.

Bo R. Holmberg

Ein Licht in der Dunkelheit

128 Seiten mit s/w Vignetten

von Stephanie Wagner

ISBN 3-473-34368-4

Agnes liebt ihren Vater und
ihren großen Bruder Martin. Doch
manchmal vermisst sie ihre Mutter, auch
wenn sie sich kaum an sie erinnern kann.
Denn ihre Mutter starb, als Agnes noch
ganz klein war. Warum reden der Vater
und der Bruder nicht über sie? Agnes weiß,
dass die beiden sie auch vermissen.